Impressum

Verlag: BABADADA GmbH, Nedderfeld 112 , 22529 Hamburg

Geschäftsführer / Verlagsleitung: Harald Hof

Druck: Books on Demand GmbH, In de Tarpen 42, 22848 Norderstedt

Imprint

Publisher: BABADADA GmbH, Nedderfeld 112 , 22529 Hamburg, Germany

Managing Director / Publishing direction: Harald Hof

Print: Books on Demand GmbH, In de Tarpen 42, 22848 Norderstedt, Germany

sekolo

школа

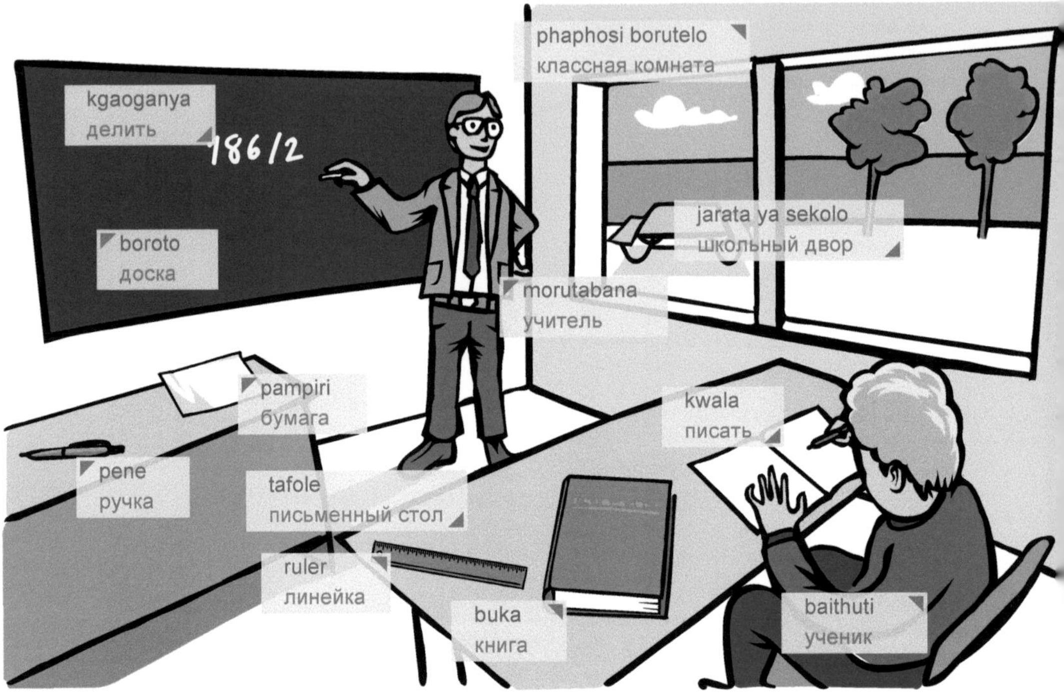
phaphosi borutelo
классная комната
kgaoganya
делить
186/2
boroto
доска
jarata ya sekolo
школьный двор
morutabana
учитель
pampiri
бумага
kwala
писать
pene
ручка
tafole
письменный стол
ruler
линейка
buka
книга
baithuti
ученик

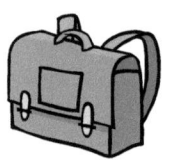

kgetsana ya dibuka

ранец

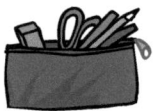

setsenya dipensele

пенал

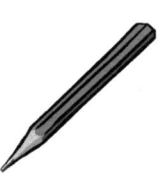

pensele

карандаш

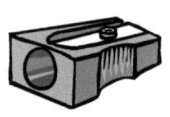

seseta pensele

точилка

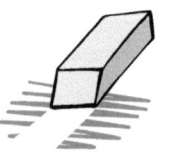

sephimola

ластик

boto ya go torowa

альбом для рисования

torowa

рисунок

boratšhe jwa pente

кисточка

bokose ya pente

коробка красок

dikere

ножницы

sekgomaretsi

клей

buka ya go kwalela

тетрадь

tirogae

домашняя работа

palo

цифра

tlhakanya

прибавлять

kgaoganya

вычитать

atisa

умножать

khalkhuleitara

считать

lekwalo

буква

alfabete

алфавит

lefoko

слово

mafoko

текст

bala

читать

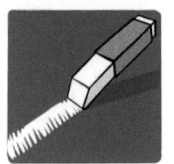

choko

мел

thuto

урок

rejistara

классный журнал

tlhatlhobo

экзамен

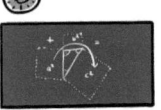

setifikeiti

диплом

diaparo tsa sekolo

школьная форма

thuto

образование

encyclopedia

энциклопедия

unibesithi

университет

mikoroskoupo

микроскоп

mmepe

карта

moteme wa dipampiri

корзина для бумаг

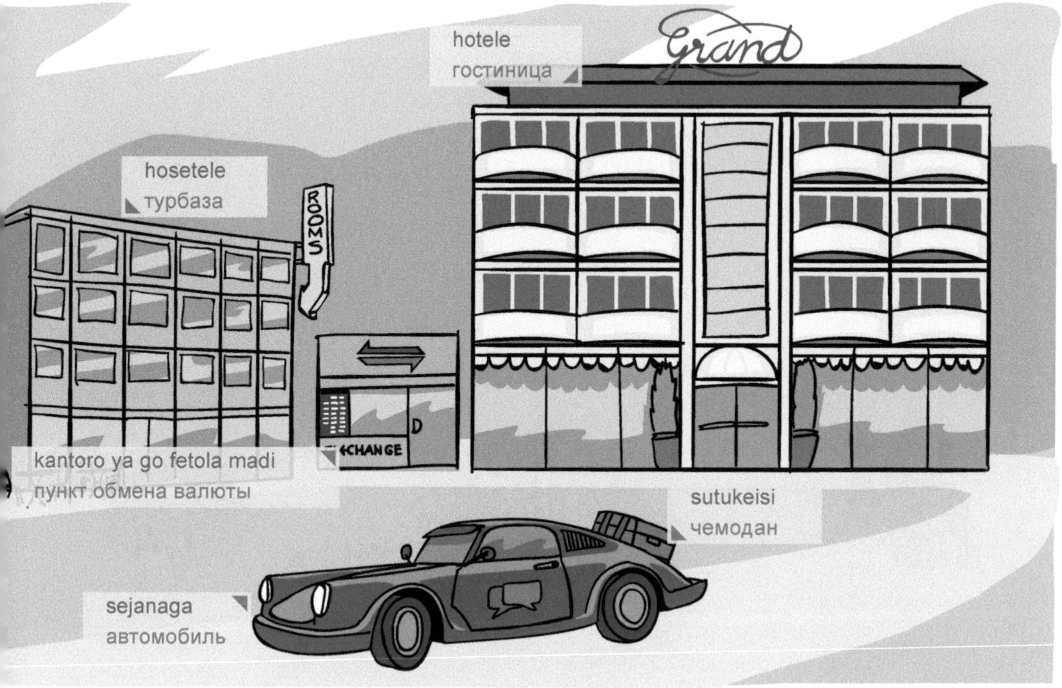

hotele
гостиница
Grand
hosetele
турбаза
ROOMS
kantoro ya go fetola madi
пункт обмена валюты
CHANGE
sutukeisi
чемодан
sejanaga
автомобиль

puo
язык

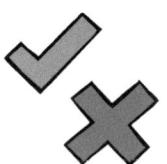

ee / nnyaa
да / нет

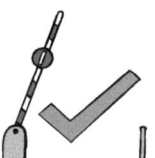

Go siame
хорошо

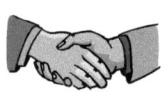

dumela
Привет

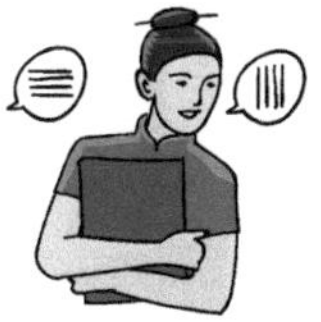

moranodi
переводчик

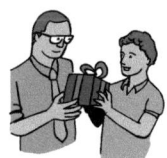

Ke a leboga
Спасибо

ke bokae...?

Сколько стоит...?

ga ke tlhaloganye

Я не понимаю

bothata

проблема

O itumelele bosigo!

Добрый вечер!

Dumela!

Доброе утро!

Robala Sentle!

Доброй ночи!

tsamaya sentle

До свидания

tsela

направление

dithoto

багаж

kgetsi

сумка

kgetsi

рюкзак

moeng

гость

phaposi

комната

kgetsana ya go robalela

спальный мешок

mogope

палатка

shedimosetso ya mojanala

туристическая
информация

lewatle

пляж

karata ya go tsaya sekoloto

кредитная карточка

sefitlholo

завтрак

dijo tsa motshegare

обед

dijo tsa maitsiboa

ужин

tekete

билет

lifiti

лифт

setempe

почтовая марка

bodara

граница

dingwao

таможня

embassy

посольство

visa

виза

lokwalo itshupo

паспорт

sepalangwa

транспорт

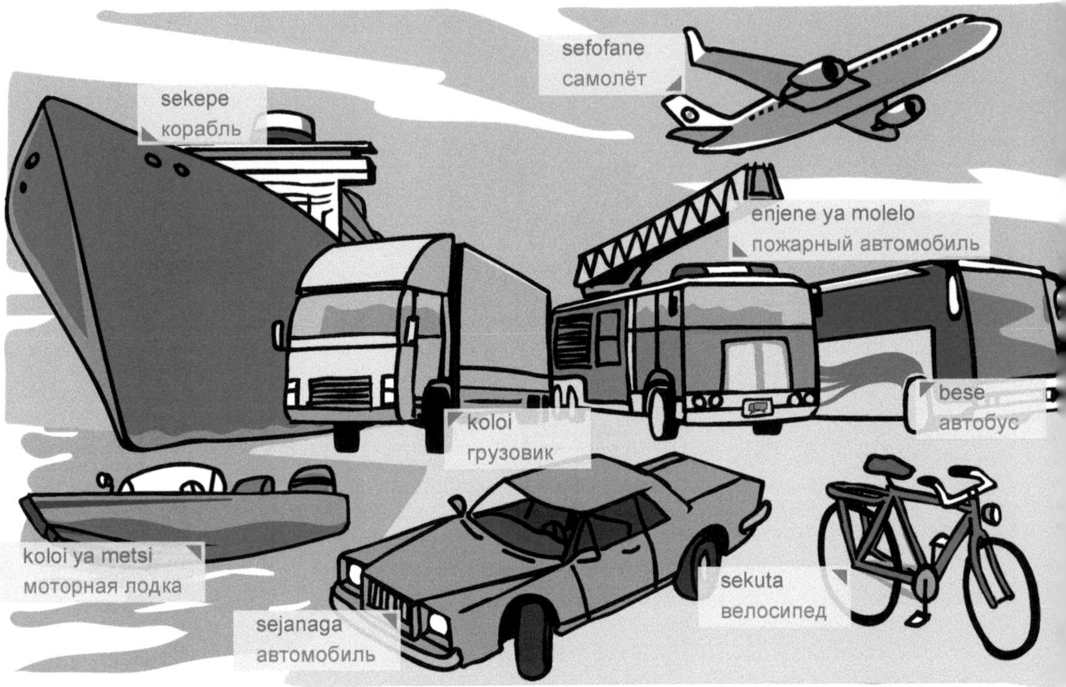
sefofane
самолёт
sekepe
корабль
enjene ya molelo
пожарный автомобиль
bese
автобус
koloi
грузовик
koloi ya metsi
моторная лодка
sekuta
велосипед
sejanaga
автомобиль

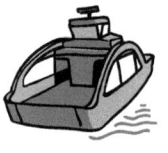

feri

паром

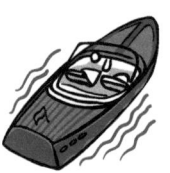

sekepe

лодка

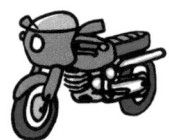

sethuthuthu

мотоцикл

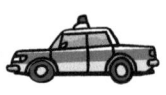

sejanaga sa mapodisa

полицейский автомобиль

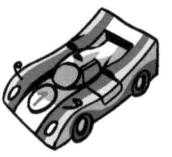

sejanaga sa lobelo

гоночный автомобиль

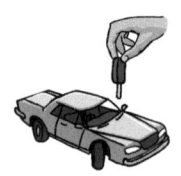

sejanaga se se hirilweng

арендованный автомобиль

aroganya sejanaga

совместное пользование
автомобилями

koloi e e gogang dikoloi tse
di robegileng

буксировочный
автомобиль

koloi e e tsayang matlakala

мусоровоз

koloi

двигатель

lookwane

топливо

seteišhene sa lookwane

заправка

letshwao la pharakano

дорожный знак

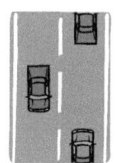

pharakano

движение

pharakano

пробка

lefelo la go emisa koloi

автостоянка

seteišhene sa terena

вокзал

mela

рельсы

terena

поезд

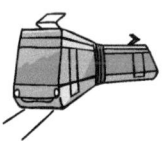

tereme

трамвай

kolotsana

вагон

sefofane

вертолёт

boemeladifofane

аэропорт

tora

вышка

mopalami

пассажир

sekhafothini

контейнер

bokoso

коробка

karaki

тележка

basekete

корзина

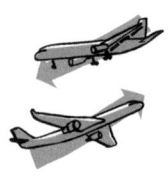

go tsamaya / go fitlha

взлетать / приземляться

toropo

город

motse

деревня

legare la teropo

центр города

ntlo

дом

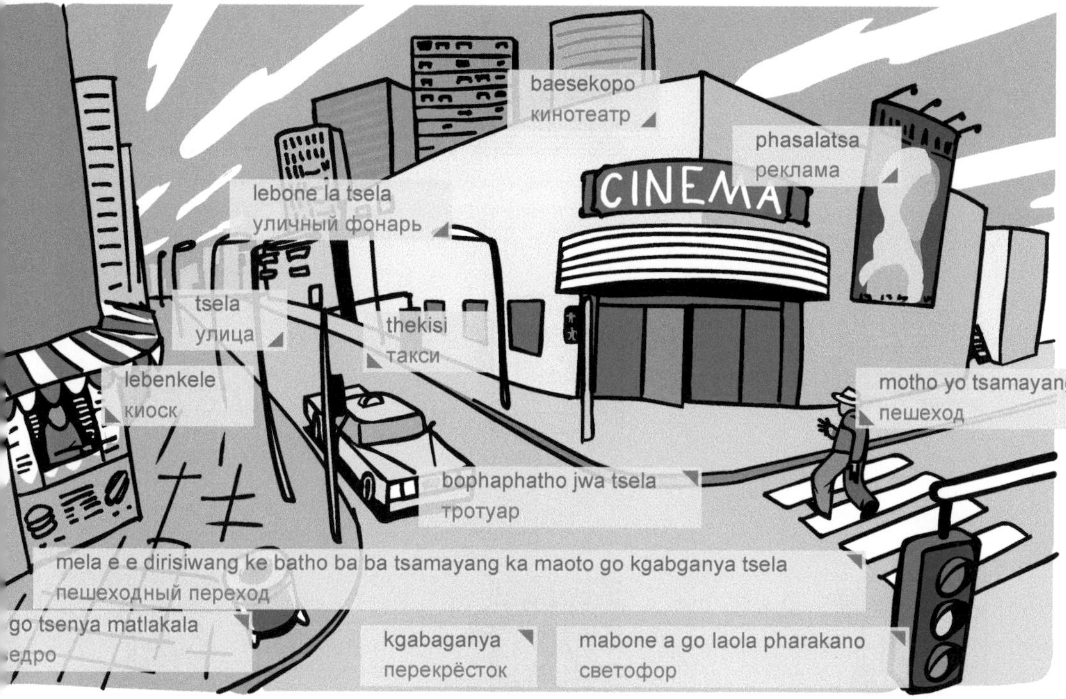

baesekopo
кинотеатр

phasalatsa
реклама

lebone la tsela
уличный фонарь

CINEMA

tsela
улица

thekisi
такси

lebenkele
киоск

motho yo tsamayang
пешеход

bophaphatho jwa tsela
тротуар

mela e e dirisiwang ke batho ba ba tsamayang ka maoto go kgabganya tsela
пешеходный переход

go tsenya matlakala
ведро

kgabaganya
перекрёсток

mabone a go laola pharakano
светофор

lo e e ruletseng ka bojang
....
хижина

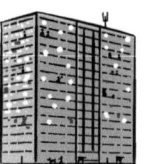

sephara
....
квартира

seteišhene sa terena
....
вокзал

ntlolehalahala la toropo
....
ратуша

museamo
....
музей

sekolo
....
школа

unibesithi

университет

banka

банк

sepetlele

больница

hotele

гостиница

lefelo la melemo

аптека

kantoro

офис

lebenkele la dibuka

книжный магазин

lebenkele

магазин

batho ba ba rekisang malomo

цветочный магазин

lebenkele

супермаркет

maraka

рынок

lebenkele la diaparo

универмаг

fishmongers

торговец рыбой

moago wa mabenkele a a mantsi

торговый центр

boema dikepe

порт

toropo - город

serapa

парк

banka

скамейка

borogo

мост

ditepisi

лестница

kwa tlase ga lefatshe

метро

kgogometso

тоннель

boemela bese

автобусная остановка

bara

бар

lefelo la go jela

ресторан

lebokose la pose

почтовый ящик

letshwao la tsela

табличка с названием
улицы

mitara wa go emisa koloi

паркометр

lefelo la go bonela
diphologolo

зоопарк

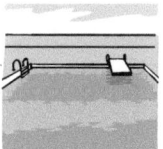

letlodi la go thuma

бассейн

tempele ya mamoselema

мечеть

polase

ферма

kgotlelelo

загрязнение окружающей среды

mabitla

кладбище

kereke

церковь

lefelo la go tshamekela

детская площадка

temple

храм

boago jwa lefelo

ландшафт

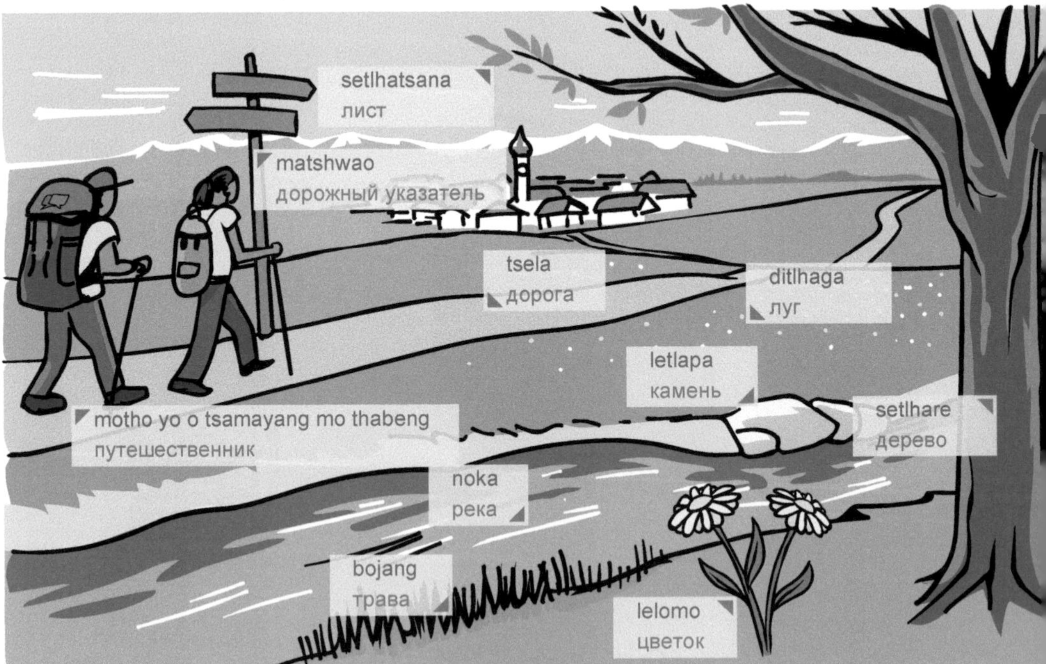

setlhatsana
лист

matshwao
дорожный указатель

tsela
дорога

ditlhaga
луг

letlapa
камень

setlhare
дерево

motho yo o tsamayang mo thabeng
путешественник

noka
река

bojang
трава

lelomo
цветок

mokgatša

долина

thatshana

гора

lekadiba

озеро

sekgwa

лес

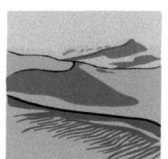

sekaka

пустыня

lekgwamolelo

вулкан

khasele

замок

motshe wa badimo

радуга

leboa

гриб

mokolana

пальма

montsane

комар

tshenekegi

муха

tshoswane

муравей

notshi

пчела

segokgo

паук

khukhwana

жук

segwagwa

лягушка

mosha

белка

noko

еж

mmutla

заяц

morubisi

сова

nonyane

птица

pidipidi

лебедь

dikolobe tsa naga

кабан

kgokong

олень

moose

лось

letamo

плотина

sefetlhaphefo

ветряной генератор

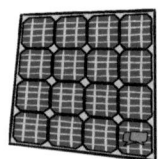

motlakase o o dirilweng ka letsatsi

солнечная батарея

loapi

климат

weitara
официант

lenaane la dijo
меню

setulo
стул

sopo
суп

pizza
пицца

dintsho
столовые приборы

fatuku ya tafole
скатерть

sejo sa ntlha

закуска

sejo sa bobedi

главное блюдо

dijo tse di naleng sukiri

десерт

dino

напитки

dijo

еда

botlolo

бутылка

dijo tsa mo strateng

фастфуд

dijo tsa seterata

уличная еда

ketlele ya tee

чайник

sejana sa go tsenya sukiri

сахарница

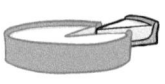

karolo

порция

motšhini wa espresso

кофеварка

setulo se se kwa godimo

детский стульчик

tshupamolato

счет

terei

поднос

thipa

нож

forotlho

вилка

liso

ложка

leswana

чайная ложка

lesela la go iphimola

салфетка

galase

стакан

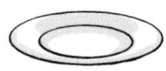

poleiti

тарелка

poleiti ya sopo

суповая тарелка

sosara

блюдце

sopo

соус

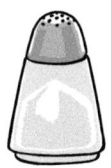

sejana sa letswai

солонка

sesila pepere

мельница для перца

aseini

уксус

oli

масло

ditswaiso

специи

tamati souso

кетчуп

masetete

горчица

mayonaese

майонез

lebenkele

супермаркет

sesolo se se kgethegileng
специальное предложение
FOR
moreki
покупатель
dilwana tsa mašwi
молочные продукты
leungo
фрукты
teroli
тележка для покупок

BUTCHERS

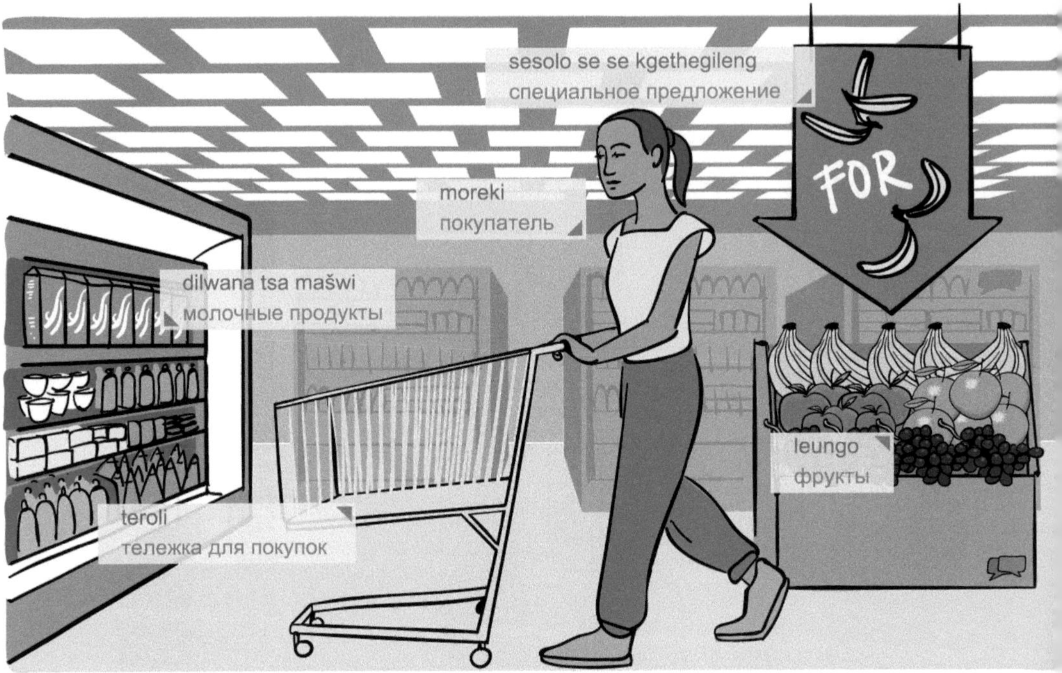

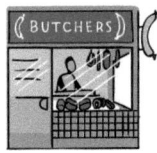

batho ba ba segang nama

мясной магазин

BAKERY

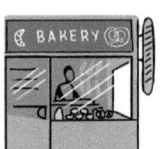

babaki

пекарня

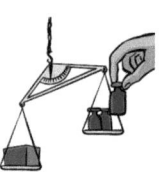

boima

взвешивать

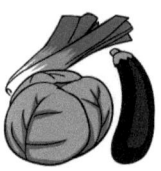

merogo

овощи

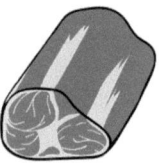

nama

мясо

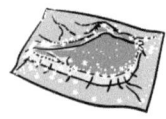

dijo tse di aesitsweng

быстрозамороженные продукты

nama e e sa tlhokeng go
apewa

нарезка

dijo tsa thini

консервы

molora o o tlhatswang

стиральный порошок

dimonamone

сладости

dilwana tsa ntlo

предмет домашнего
обихода

dilwana tsa go phepafatsa

моющее средство

morekisi

продавщица

motšhini wa madi

касса

morekisi

кассир

lennane la go reka

список покупок

diura tsa go bula

время работы

sepatšhe

бумажник

rata ya go tsaya sekoloto

кредитная карточка

kgetsi

сумка

kgetsi ya polasetiki

полиэтиленовый пакет

напитки

metsi

вода

jusi

сок

mašwi

молоко

khouku

кока-кола

beine

вино

biri

пиво

bojalwa

алкоголь

khoukhou

какао

tee

чай

kofi

кофе

esepereso

эспрессо

cappuccino

капучино

panana

банан

apole

яблоко

namune

апельсин

legapu

арбуз

surunamune

лимон

segwete

морковь

konofole

чеснок

lotlhaka lwa bampuse

бамбук

eie

лук

mabowa

гриб

manoko

орехи

di-noodles

лапша

sepagethi

спагетти

raese

рис

salate

салат

ditšhipisi

картофель фри

ditapole tse di gadikilweng

жареный картофель

pizza

пицца

hamburger

гамбургер

borotho jo bo tlapisitsweng

сэндвич

nama e e gadikilweng

шницель

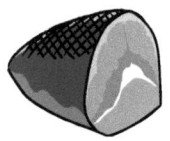

nama ya kolobe

ветчина

salami

салями

boroso

колбаса

koko

курица

gadika

жаркое

tlhapi

рыба

bogobe jwa outse

овсяные хлопья

muesli

мюсли

cornflakes

кукурузные хлопья

bupi

мука

croissante

круассан

banse

булочка

borotho

хлеб

borotho jo bo besitsweng

тост

bisikiti

печенье

botoro

масло

tšhisi

творог

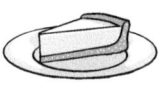

kuku

пирог

lee

яйцо

lee le le gadikilweng

яичница

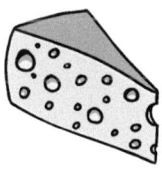

kase

сыр

aesekirimi

мороженое

sukiri

сахар

mamepe a dinotshe

мёд

jeme

мармелад

chokolete e e tshasiwang

крем с нугой

khari

карри

polase
ферма

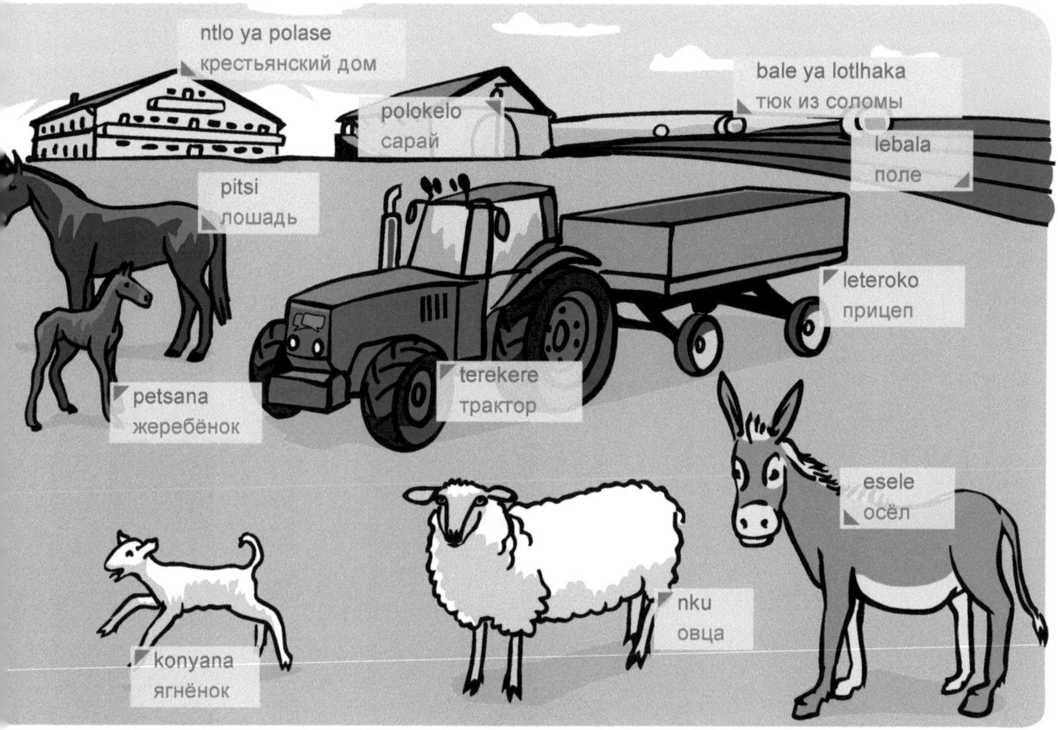
ntlo ya polase
крестьянский дом
bale ya lotlhaka
тюк из соломы
polokelo
сарай
lebala
поле
pitsi
лошадь
leteroko
прицеп
terekere
трактор
petsana
жеребёнок
esele
осёл
nku
овца
konyana
ягнёнок

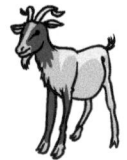

pudi

коза

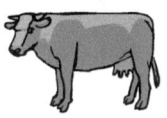

kgomo

корова

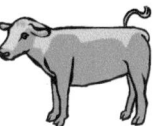

namane

телёнок

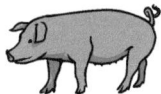

kolobe

свинья

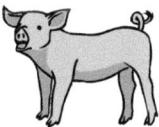

kolojane

поросёнок

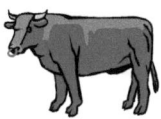

poo

бык

ganse

гусь

pidipidi

утка

kokwanyana

цыплёнок

mokoko

курица

mokoko

петух

peba

крыса

katse

кошка

peba

мышь

kgomo

вол

ntša

собака

ntlo ya ntša

конура

lethompo la tshingwana

садовый шланг

tanka ya go nosetsa

лейка

disekele tsa tshipi

коса

lema

плуг

disekele

серп

setlhagola

мотыга

foroko ya go peta

навозные вилы

selepe

топор

kiribae

тачка

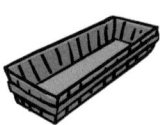

bonwelo

корыто

mašwi a a moteng ga moteme

бидон для молока

kgetsana

мешок

legora

забор

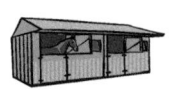

tsepame

хлев

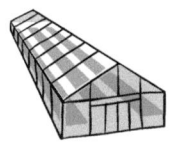

lefelo la go godisa dijalo

теплица

mmu

почва

peo

посев

menyoro

удобрение

thobo e e kopaneng

комбайн

thobo

собирать урожай

thobo

урожай

di-yam

ямс

korong

пшеница

soya

соя

tapole

картофель

korong

кукуруза

disonobolomo

рапс

setlhare sa maungo

фруктовое дерево

cassava

маниок

dijo tsa phakela

злаки

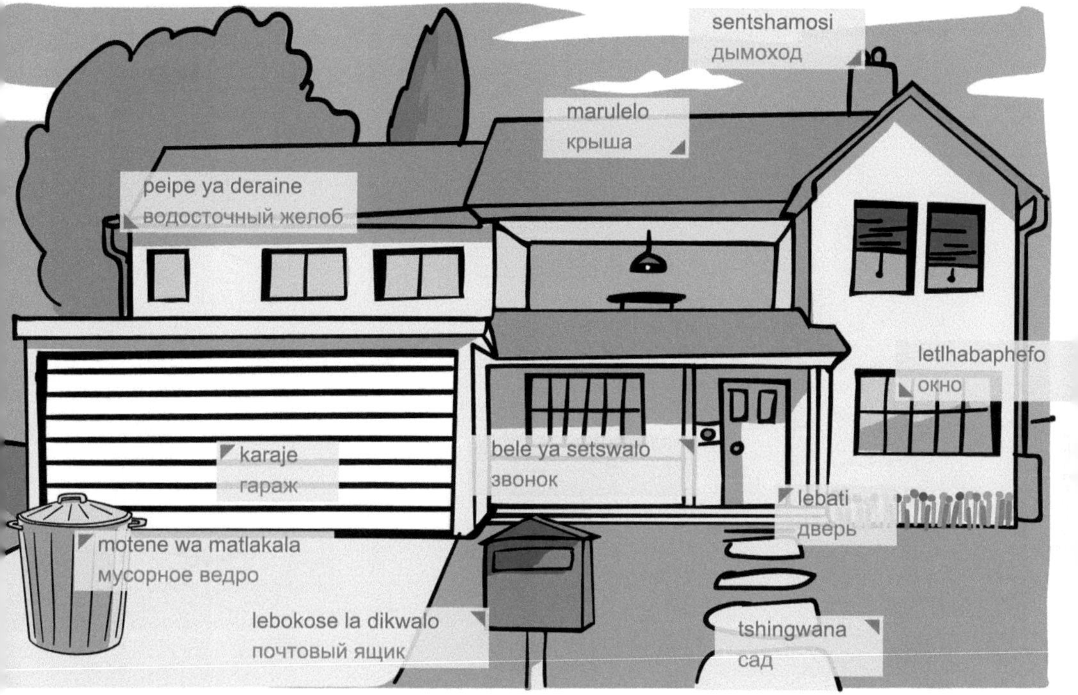

sentshamosi
дымоход

marulelo
крыша

peipe ya deraine
водосточный желоб

letlhabaphefo
окно

karaje
гараж

bele ya setswalo
звонок

lebati
дверь

motene wa matlakala
мусорное ведро

lebokose la dikwalo
почтовый ящик

tshingwana
сад

phaposi ya bodulo

гостиная

phaposi ya go tlhapela

ванная комната

boapeelo

кухня

phaposi ya borobalo

спальня

phaposi ya bana

детская комната

phaposi ya bojelo

столовая

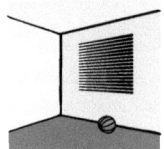

mo fatshe

пол

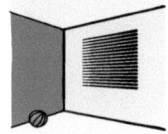

lebota

стена

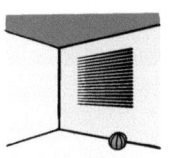

siling

потолок

mabolokelo

подвал

se futhumatsa mmele

сауна

mokatako

балкон

mokgekolosa

терраса

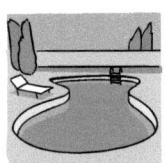

makadiba

бассейн

sedirisiwa sa go sega bojang

газонокосилка

lakane

пододеяльник

kobo

покрывало

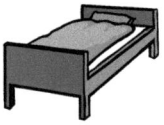

bolao

кровать

lefielo

метла

kgamelo

ведро

switch

выключатель

phaposi ya bodulo

гостиная

pampiri e e kgabisng lebota
обои
setshwantsho
рисунок
lobone
лампа
raka
полка
raka
шкаф
thelebishene
телевизор
iso
камин
lelomo
цветок
mosamo
подушка
soufa
диван
setsenya malomo
ваза
selaola thelebishene o le kgakala le yone
пульт дистанционного управления

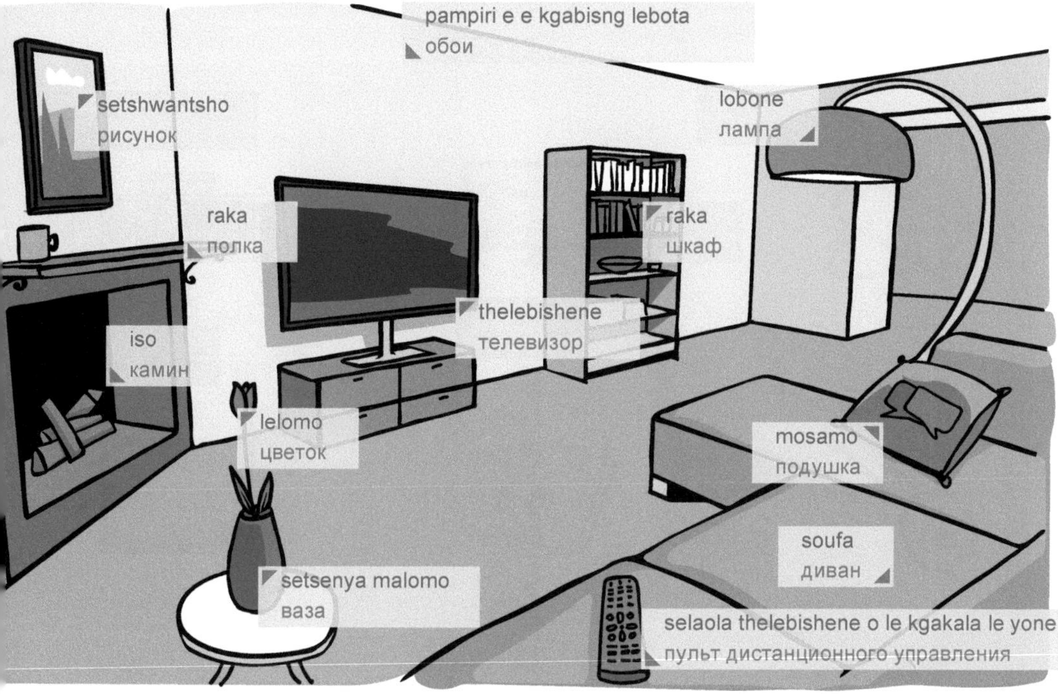

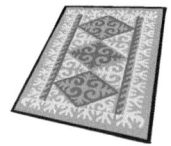

mmetshe

ковёр

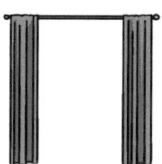

garetene

штора

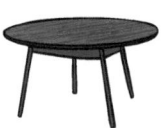

tafole

стол

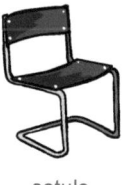

setulo

стул

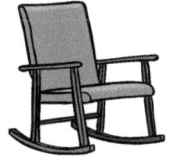

setulo se se binang

кресло-качалка

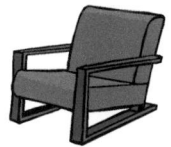

setulo se se naleng boikego

кресло

buka

книга

kobo

покрывало

mokgabiso

украшение

dikgong tsa molelo

дрова

filimi

фильм

hi-fi ya go letsa

стереосистема

selotlolo

ключ

lokwalodikgang

газета

setshwantsho se se
dirilweng ka pente

картина

pampiri ya go phasalatsa

плакат

seyalemowa

радио

buka ya dintla

блокнот

huvara

пылесос

motoroko

кактус

kerese

свеча

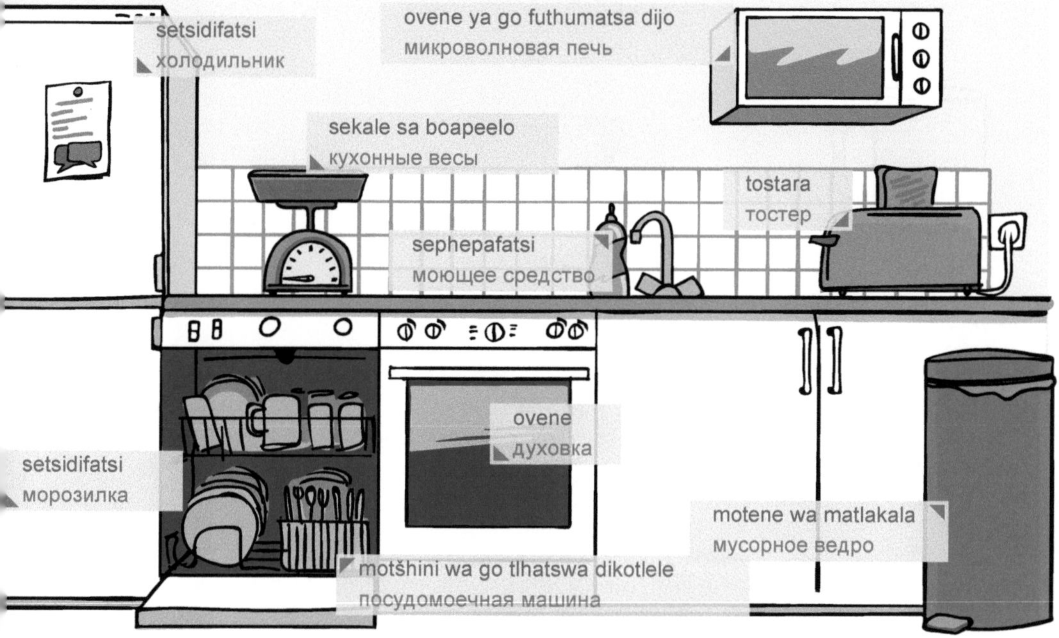

setsidifatsi
холодильник

ovene ya go futhumatsa dijo
микроволновая печь

sekale sa boapeelo
кухонные весы

tostara
тостер

sephepafatsi
моющее средство

ovene
духовка

setsidifatsi
морозилка

motene wa matlakala
мусорное ведро

motšhini wa go tlhatswa dikotlele
посудомоечная машина

moapei

плита

pitsa

кастрюля

pitsa ya tshipi

чугунный котелок

wok / kadai

вок / кадай

pane

сковорода

ketlele

чайник

sefuthumatsi

пароварка

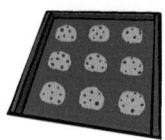

terei ya go baka

противень

dintsho

посуда

kopi

кружка

sejana

миска

thobane ya go rema

палочки для еды

thoka

половник

sepatšhula

лопатка

wiskara

сбивалка

setereinara

сито

setlhotlhi

сито

greitara

тёрка

kika

ступка

nama ya kgomo

гриль

molelo o o mopepeneneg

костёр

boroto ya go segela

доска

rolara

скалка

sebula dibotlolo tsa beine

штопор

moteme

жестяная банка

sebula moteme

консервный нож

setshwari sa pitsa

прихватка

sinki

раковина

boratše

щетка

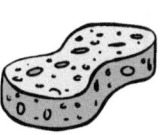

sepontše

губка

etlhakanya dijo / maungo

миксер

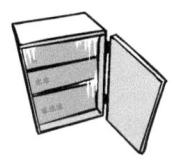

setsidifatsi

морозильная камера

botlole ya ngwana

бутылочка для кормления

tepe

кран

phaposi ya go tlhapela

ванная комната

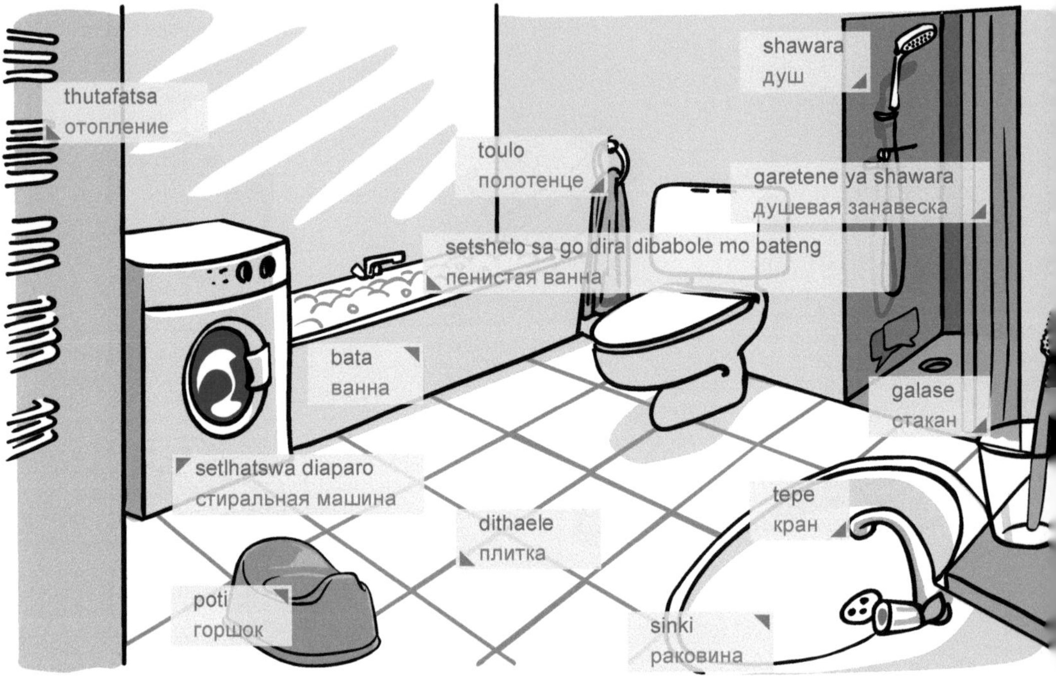

thutafatsa
отопление
toulo
полотенце
shawara
душ
garetene ya shawara
душевая занавеска
setshelo sa go dira dibabole mo bateng
пенистая ванна
bata
ванна
galase
стакан
setlhatswa diaparo
стиральная машина
dithaele
плитка
tepe
кран
poti
горшок
sinki
раковина

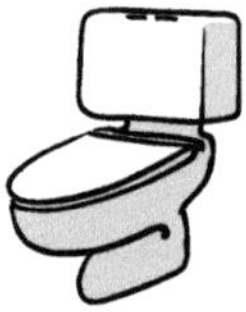

ntlwana

туалет

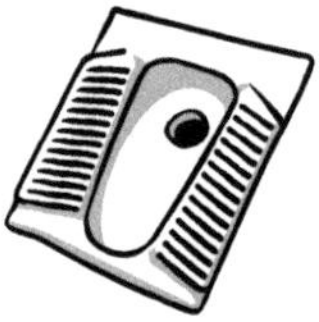

ntlwana ya go kotama

напольный унитаз

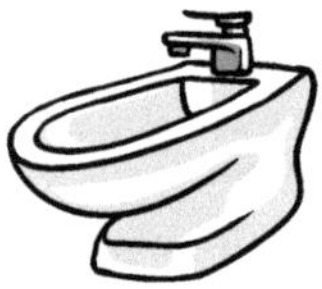

bidete

биде

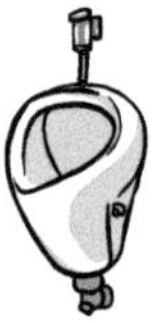

moroto

писсуар

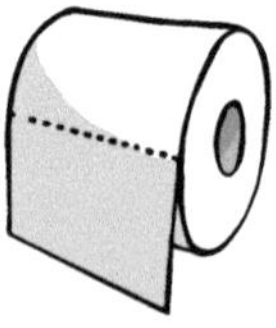

pampiri ya boithomelo

туалетная бумага

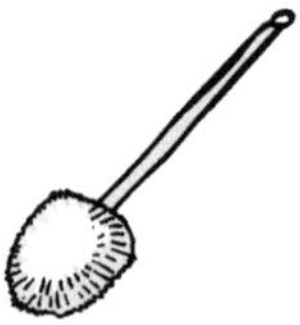

boratšhe jwa ntlwana

ершик

boratše jwa meno

зубная щетка

sesepa sa meno

зубная паста

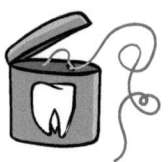

tlhale ya go phepafatsa meno

зубная нить

tlhatswa

мыть

shawara ya go itshwarela

ручной душ

senkgisa monate

интимный душ

beisini

таз

boratše jwa mokwatla

щетка для спины

sesepa

мыло

jele ya shawara

гель для душа

setlhapisa moriri

шампунь

folanele

мочалка

mosele

сток

setlolo

крем

senkgamonate

дезодорант

seipone

зеркало

seipone sa go itshwarela

ручное зеркало

legare

бритва

foumu ya go ntsha moriri

пена для бритья

foumu ya fa o fetsa go
ntsha moriri

лосьон после бритья

kama

расческа

boratšhe

щетка

seomisa moriri

фен

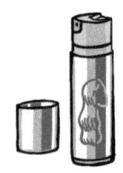

seporei sa moriri

лак для волос

seitlole sa sefatlhego

косметика

setlolo sa molomo

губная помада

pente ya dinala

лак для ногтей

boboa

вата

sekere sa dinala

маникюрные ножницы

leokwane le le nkgang
monate

духи

kgetsana ya go tlhatswa

косметичка

setulo

табуретка

sekale sa go lekanya

весы

seaparo sa botlhapelo

халат

ditlelafo tsa rekere

резиновые перчатки

tempone

тампон

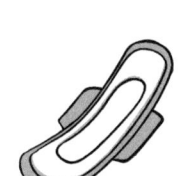

edirisiwa sa basadi ba ba
mo kgweding

гиеническая прокладка

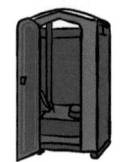

ntlwana ya khemikhale

биотуалет

phaposi ya bana

детская комната

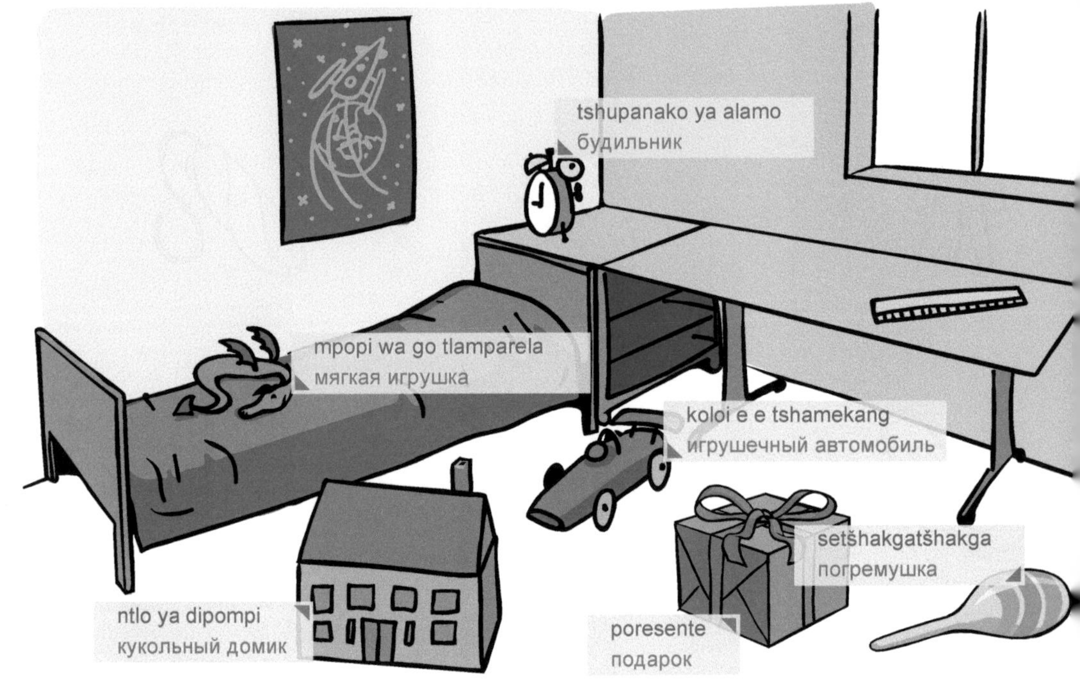
tshupanako ya alamo
будильник
mpopi wa go tlamparela
мягкая игрушка
koloi e e tshamekang
игрушечный автомобиль
setšhakgatšhakga
погремушка
ntlo ya dipompi
кукольный домик
poresente
подарок

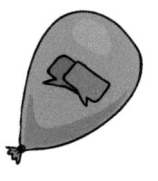

baluni

воздушный шар

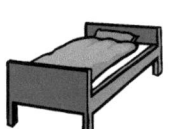

bolao

кровать

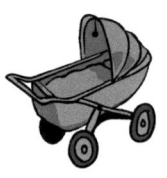

porema

детская коляска

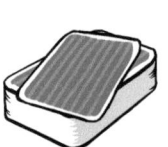

deck of cards

карточная игра

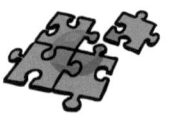

saga ya motlakase

пазл

SUPER MEGA

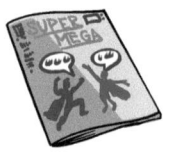

buka ya ditshegisi

комикс

matlapa a go tshameka

кирпичики Лего

diboloko tse di tshamekang

кубики

setshwantsho sa motho

игрушечная фигурка

seaparo sa lesea

ползунки

Frisbee

фрисби

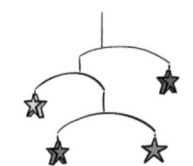

selo sa go letsa mmino mo ditsebeng

мобиле

motshameko wa boroto

настольная игра

daese

кубик

terena

модель железной дороги

tami

соска

moletlo

вечеринка

buka ya ditshwantsho

книга с картинками

bolo

мяч

mpopi

кукла

tshameka

играть

lebala le le naleng santa

песочница

moswinki

качели

ditshamekisi tsa bana

игрушка

motshameko wa dibidio

игровая приставка

baesekele ya maotwana a a mararo

трёхколесный велосипед

bera e e diretsweng go tshamekisa bana

плюшевый медвежонок

raka ya go baya diaparo

шкаф для одежды

seaparo

одежда

dikausu

носки

dikausu tsa basadi

чулки

dithaetse

колготки

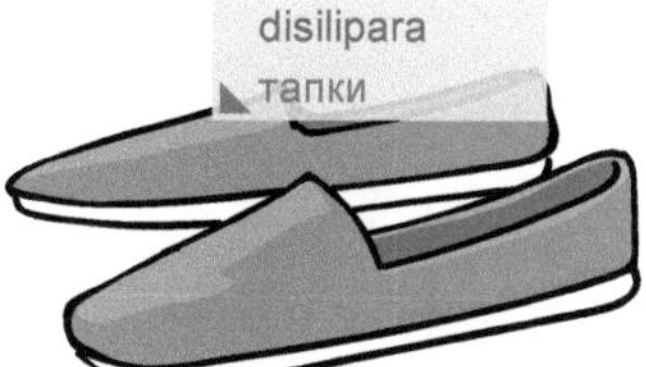

sekhafo
шарф

lebante
ремень

sekhukhu
зонтик

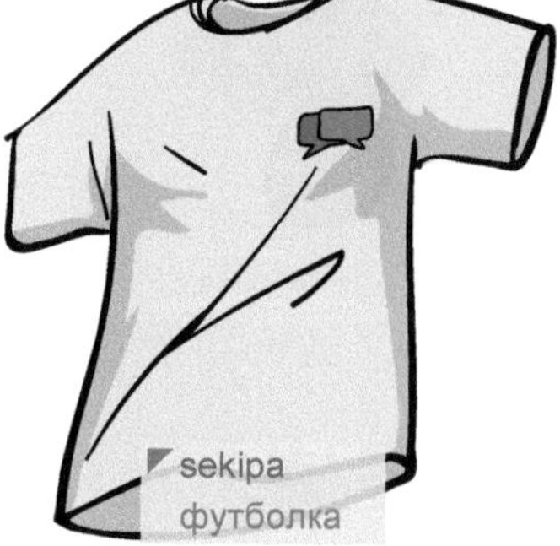

sekipa
футболка

dibutshi
сапоги

disilipara
тапки

diteki
кроссовки

dimphatšhane
....
сандалии

ditlhako
....
ботинки

dibutshi tsa rekere
....
резиновые сапоги

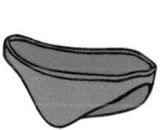

borukgwe jwa kwateng
....
трусы

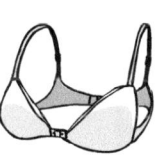

boraa
....
бюстгальтер

besete
....
майка

mmele

боди

borukgwe

брюки

bokate

джинсы

sekete

юбка

bolaose

блузка

hempe

рубашка

jeresi e e senang matsogo

свитер

jakete e e enaleng hutshe

свитер

boleisara

спортивная куртка

jakete

жакет

jase

пальто

jase ya pula

плащ

khosetjhumo

костюм

mosese

платье

mosese wa lenyalo

свадебное платье

sutu

мужской костюм

seaparo sa bosigo

ночная сорочка

diaparo tsa go robala

пижама

sari

сари

sekhafa sa tlhogo

платок

turban

тюрбан

burqa

паранджа

kaftan

кафтан

abaya

абайя

seaparo sa go thuma

купальник

diteranka

плавки

borukgwe jo bo khutshwane

шорты

terekesutu

спортивный костюм

seaparo sa go phephafatsa

фартук

ditlelafo

перчатки

talama

пуговица

diborele

очки

sebaga

браслет

sebaga sa mo thamong

цепочка

palamonwana

кольцо

lengena

серьга

kepisi

шапка

sepega baki

вешалка

hutshe

шляпа

tae

галстук

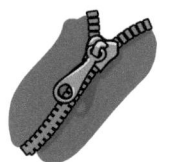

zepe

застежка молния

hutshe ya sethuthuthu

шлем

ditrata tsa meno

подтяжки

diaparo tsa sekolo

школьная форма

**diaparo tsa mmereko /
diaparo tsa sekolo**

форма

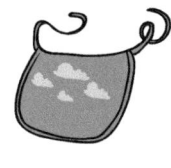

bebe

детский нагрудник

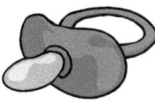

tami

соска

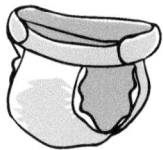

mongato

подгузник

kantoro

офис

server
сервер
lekase la difaele
канцелярский шкаф
segatisi
принтер
pampiri
бумага
monithara
монитор
maose
мышь
tafole
письменный стол
fouldara
папка
khiboto
клавиатура
moteme wa dipampiri
корзина для бумаг
setulo
стул
khomputara
компьютер

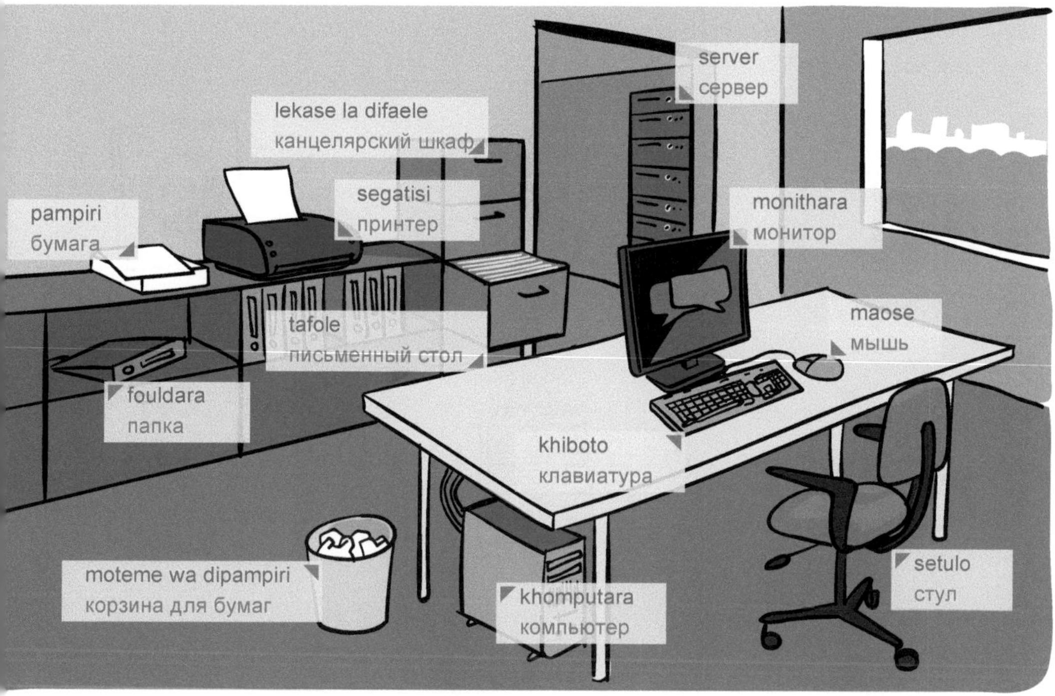

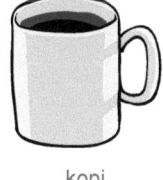

kopi

кофейная кружка

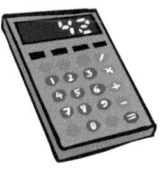

khalkhuleitara

калькулятор

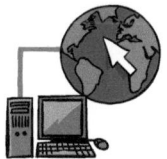

inthanete

интернет

lapothopo

ноутбук

lekwalo

письмо

molaetsa

сообщение

mogala wa letheka

мобильный телефон

kgolagano ya megala

сеть

segatisa dipampiri

ксерокс

software

программа

mogala

телефон

sokete ya polaka

розетка

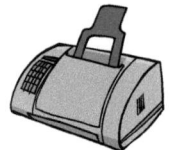

motšhini wa fekese

факс

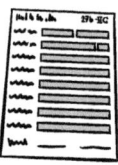

foromo

формуляр

setlankana

документ

reka

покупать

patela

платить

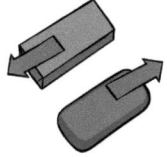

rekisa

торговать

madi / tšhelete

деньги

dolara

доллар

euro

евро

yen

иена

roubele

рубль

swiss franc

франк

renminbi yuan

жэньминьби юань

rupee

рупия

lefelo la madi

банкомат

kantoro ya go fetola madi

пункт обмена валюты

gauta

золото

selefera

серебро

oli

нефть

maatla

энергия

tlhwatlhwa

цена

konteraka

договор

lekgetho

налог

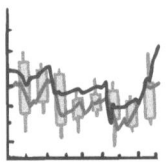

setoko

акция

dira

работать

mothapiwa

служащий

mothapi

работодатель

bodirelo

фабрика

lebenkele

магазин

lepodisi
милиционер

motimamolelo
пожарный

moapei
повар

ngaka
врач

mokgweetsi wa sefofane
пилот

ratshingwana

садовник

mmetli wa dikgong

столяр

moroki

швея

moatlhodi

судья

moitse wa melemo

химик

modiragatsi

актёр

mokgweetsi wa bese

водитель автобуса

mokgweetsi wa tekisi

таксист

motshwari wa ditlhapi

рыбак

Mme yo o phepafatsang

уборщица

moruledi

кровельщик

weitara

официант

motsumi

охотник

motaki

художник

mmesi wa senkgwe

пекарь

ramotlakase

электрик

moagi

строитель

moenjenere

инженер

mosegi wa nama

мясник

motsenyi wa diphaepe tsa metsi

сантехник

motsamaisa poso

почтальон

leshole

солдат

modiri wa dipolane

архитектор

morekisi

кассир

morekisi wa malomo

флорист

mokgabisamoriri

парикмахер

kondactara

кондуктор

mokheneke

механик

mokapeteine

капитан

ngaka ya meno

зубной врач

Rasaense

ученый

moruti

раввин

imam

имам

moitlami

монах

moruti

священник

didiriswa

инструменты

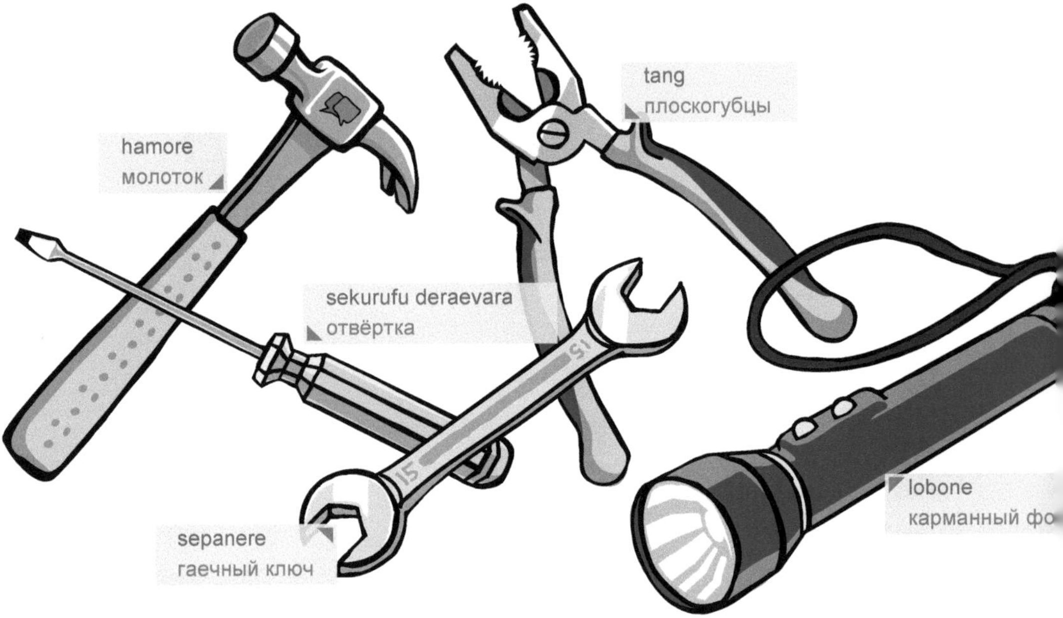

hamore
молоток
tang
плоскогубцы
sekurufu deraevara
отвёртка
sepanere
гаечный ключ
lobone
карманный фо

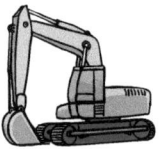

moepi

экскаватор

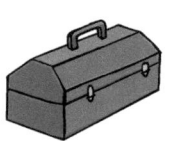

bokoso ya didirisiwa

ящик для инструментов

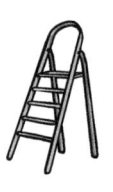

lere

стремянка

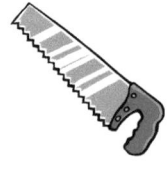

saga

пила

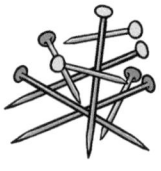

dipekere

гвозди

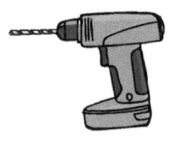

sebori

дрель

baakanya

ремонтировать

garawe

лопата

ijaa!

Блин!

seolela matlakala

совок

pitsa ya pente

ведро с краской

sekurufu

винты

didirisiwa tsa mmino

музыкальные инструменты

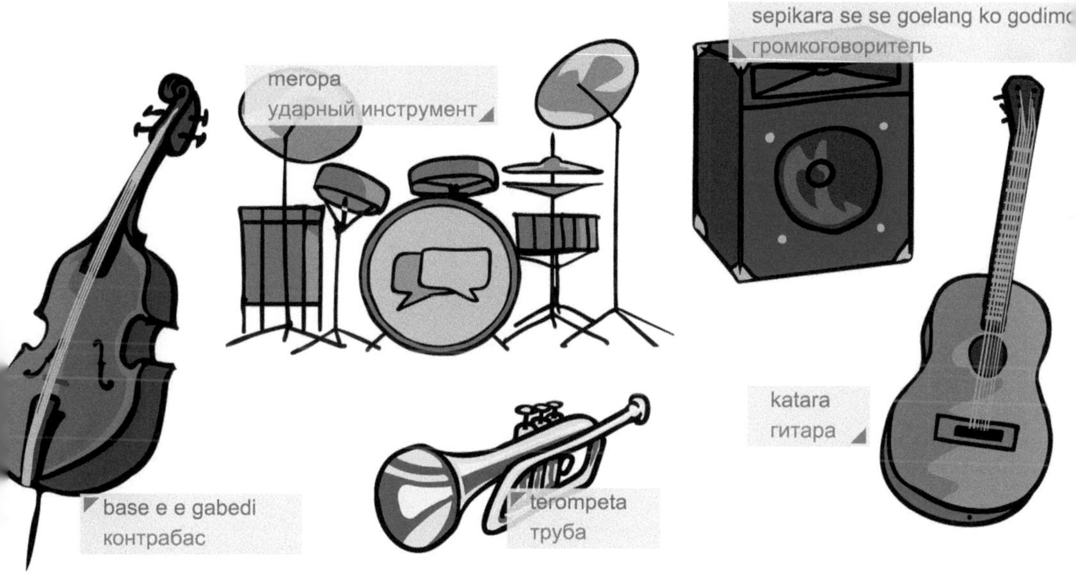

meropa
ударный инструмент

sepikara se se goelang ko godimo
громкоговоритель

katara
гитара

base e e gabedi
контрабас

terompeta
труба

piano

пианино

bayolini

скрипка

base

бас-гитара

timpane

литавры

meropa

барабан

khiboto

синтезатор

sekesofone

саксофон

phala

флейта

sebuela godimo

микрофон

botseno
вход

lengau
тигр

kheitšhe
клетка

pitse ya naga
зебра

dijo tsa diphologolo
корм

panda
панда

diphologolo

животные

tlou

слон

dikhankaruu

кенгуру

tshukudu

носорог

tshweni

горилла

bera

медведь

kamela

верблюд

kalakune

страус

tau

лев

tshwene

обезьяна

flamingo

фламинго

papalagae

попугай

bera e e dulang ko lefelong
le le tsididi thata

белый медведь

nonyane tsa lewatle

пингвин

leruarua

акула

phikoko

павлин

noga

змея

kwena

крокодил

motlhokomedi wa
diphologolo

служитель зоопарка

sili

тюлень

katse

ягуар

petsana

пони

lengau

леопард

tshukudu

бегемот

thutlwa

жираф

ntsu

орёл

dikolobe tsa naga

кабан

tlhapi

рыба

khudu

черепаха

walrus

морж

ntja ya naga

лиса

tshephe

газель

kgwele ya dinao ya Amerika
американский футбол

motshameko wa baesekele
езда на велосипеде

tenese
теннис

baseketebolo
баскетбол

thuma
плавание

hockey ya mo aeseng
хоккей

motshameko wa go lwa ka diatla
бокс

kgwele ya dinao

футбол

badminthone

бадминтон

atletiki

лёгкая атлетика

kgwele ya diatla

гандбол

skiing

лыжный спорт

polo

поло

didirwa

действия

tlola
прыгать
tlamparela
обнимать
tshega
смеяться
tsamaya
идти
opela
петь
lora
мечтать
rapela
молиться
atla
целовать

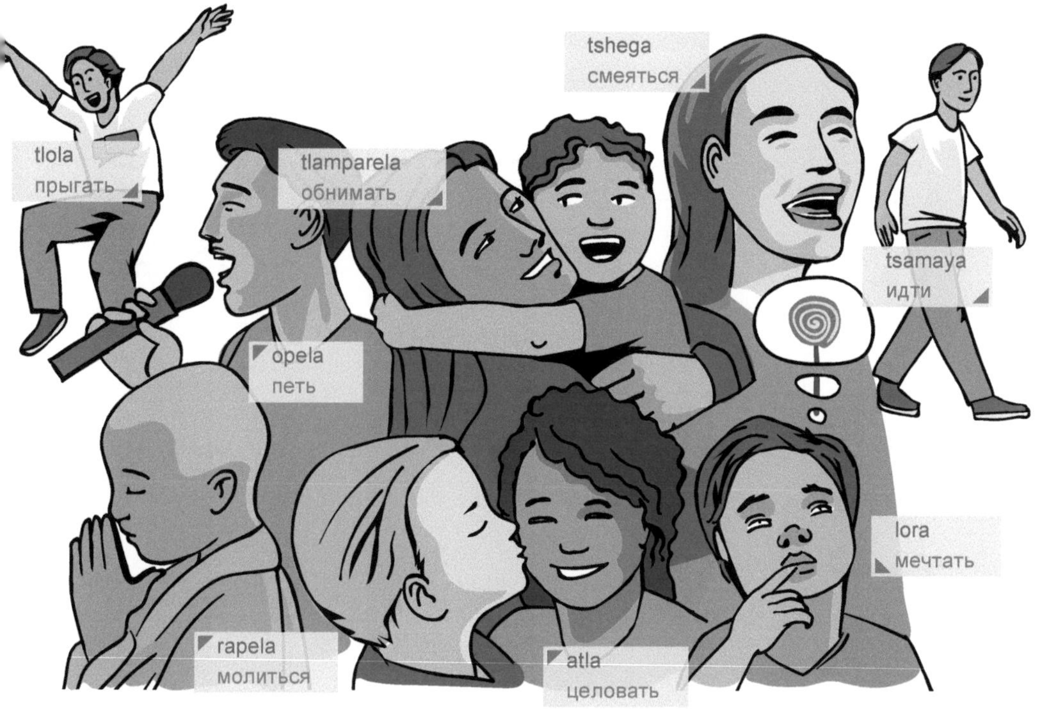

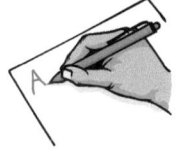

kwala

писать

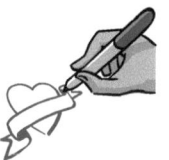

torowa

рисовать

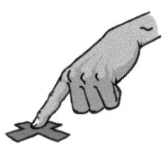

bontsha

показывать

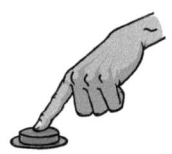

kgorometsa

нажимать

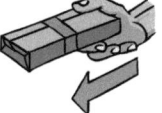

naya

давать

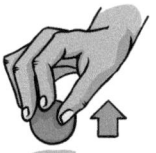

tsaya

брать

go nna

иметь

dira

делать

nna

быть

ema

стоять

taboga

бежать

goga

тянуть

latlha

бросать

wa

падать

maaka

лежать

ema

ждать

tsholetsa

носить

dula

сидеть

apara

надевать

robala

спать

tsoga

просыпаться

leba

рассматривать

lela

плакать

thuma ka lemorago

гладить

kama

причесывать

bua

говорить

tlhaloganya

понимать

botsa

спрашивать

reetsa

слушать

nwa

пить

ja

кушать

phepafatsa

наводить порядок

lorato

любить

apaya

готовить

kgweetsa

ехать

fofa

летать

seila

ходить под парусом

khalkhuleitara

считать

bala

читать

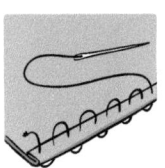

ithute

учиться

dira

работать

nyala

вступать в брак

roka

шить

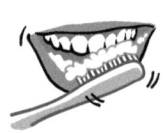

tlhapa meno

чистить зубы

bolaya

убивать

tsuba

курить

romela

отправлять

mmemogolo
бабушка

rremogolo
дедушка

rre
папа

mme
мама

ngwana
младенец

morwadi
дочь

morwa
сын

moeng

гость

mmangwane

тетя

malome

дядя

abuti

брат

ausi

сестра

mmele

тело

phatlha
лоб
leitlho
глаз
legetla
плечо
monwana
палец
sefatlhego
лицо
seledu
подбородок
seatla
кисть
leoto
нога
letsele
грудь
letsogo
рука

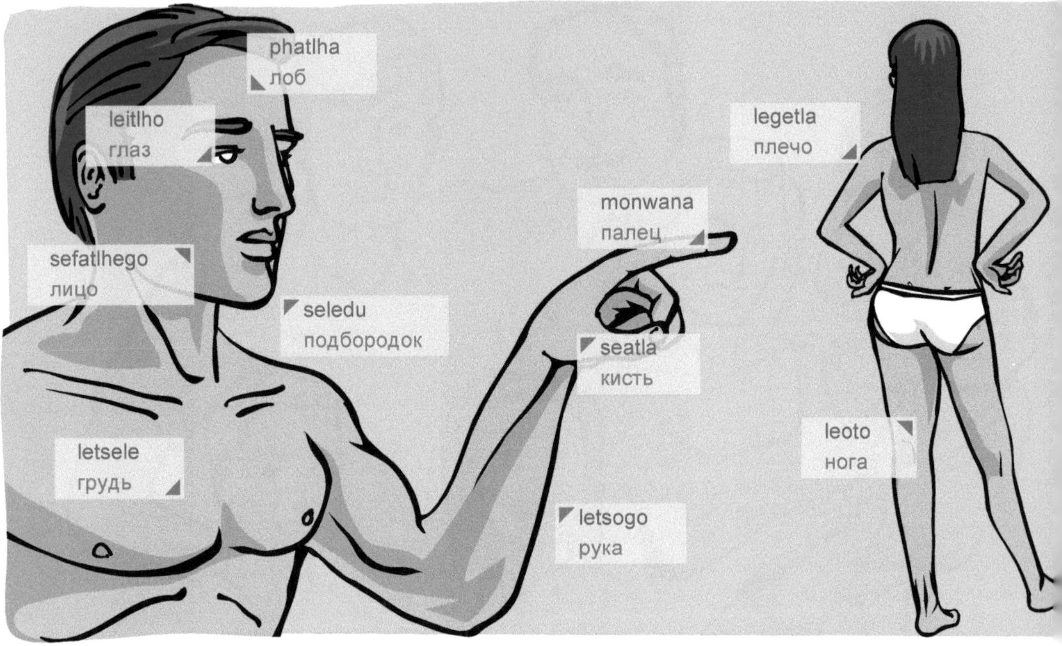

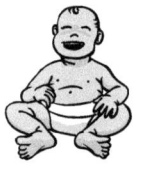

ngwana

младенец

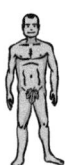

monna

мужчина

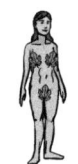

mosadi

женщина

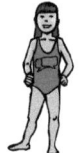

mosetsana

девочка

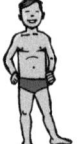

mosimane

мальчик

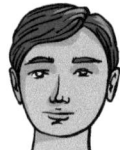

tlhogo

голова

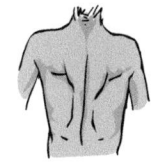

mokwatla

спина

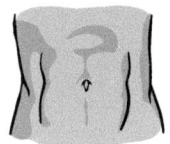

mpa

живот

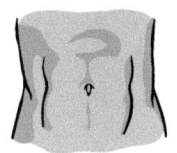

khubu

пупок

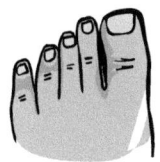

monwana

палец ноги

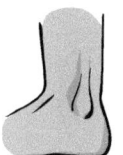

serethe

пятка

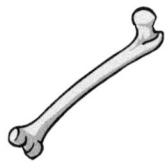

lerapo

кость

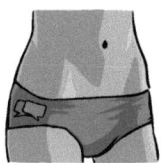

letheka

бедро

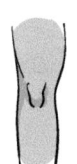

lengole

колено

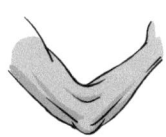

sekgono

локоть

nko

нос

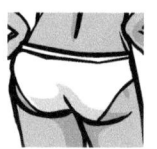

ko tlase

ягодицы

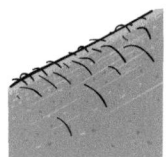

letlalo

кожа

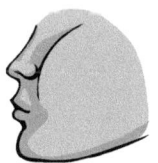

lerama

щека

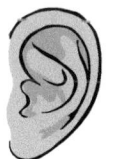

tsebe

ухо

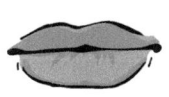

pounama

губа

mmele - тело

molomo

рот

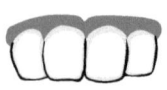

leino

зуб

loleme

язык

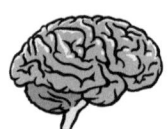

boboko

мозг

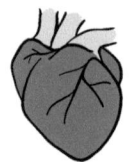

pelo

сердце

maatla

мышца

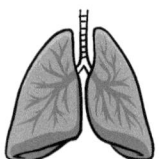

lekgwafo

лёгкое

sebete

печень

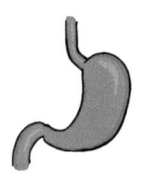

mala

желудок

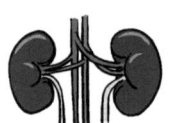

diphio

почки

bong

половой акт

mosomelwana

презерватив

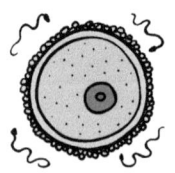

sebelegi sa ngwana

яйцеклетка

semen

сперма

moimana

беременность

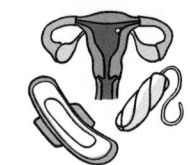

inako tsa go tla ka kgwedi
tsa basadi
....
менструация

serwe sa mosadi
....
вагина

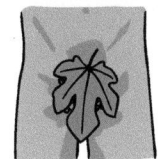

serwe sa monna
....
пенис

dintshi
....
бровь

moriri
....
волосы

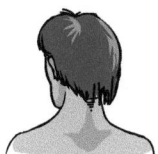

thamo
....
шея

sepetlele
больница

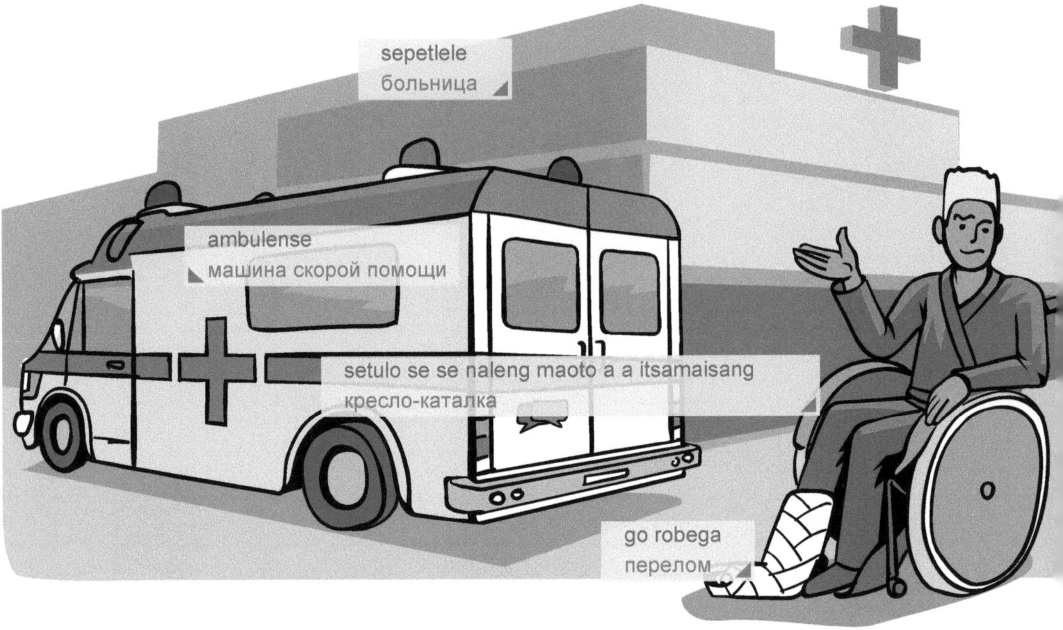

sepetlele
больница
ambulense
машина скорой помощи
setulo se se naleng maoto a a itsamaisang
кресло-каталка
go robega
перелом

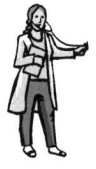

ngaka

врач

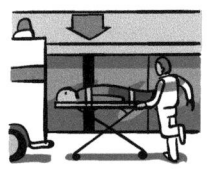

phaphosi ya tshoganyetso

пункт первой помощи

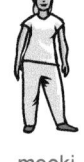

mooki

медсестра

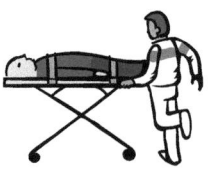

tshoganyetso

неотложный случай

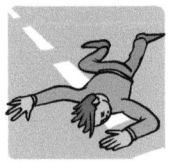

idibala

без сознания

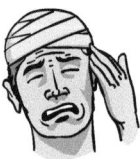

setlhabi

боль

kgobalo

повреждение

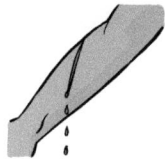

go dutla madi

кровотечение

tlhaselo ya pelo

инфаркт

setorouko

инсульт

bolwetsi

аллергия

go gotlhola

кашель

fulu

вышенная температура

fulu

грипп

letshololo

понос

opiwa ke tlhogo

головная боль

kankere

рак

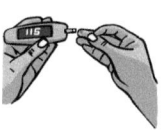

sukiri ya mmele

диабет

moari

хирург

sekalepele

скальпель

karo

операция

CT
КТ

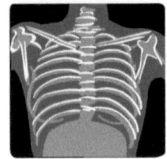

x-ray
рентген

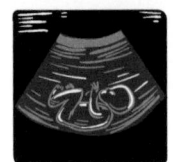

motšhini wa go leba mo mpeng
ультразвук

sesira sefatlhego
маска

twatsi
болезнь

phaposi boletelo
приёмная

dithobane
костыль

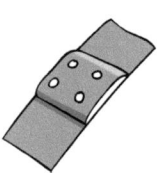

polasetara
пластырь

sefapho
бинт

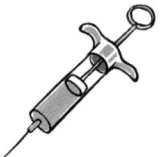

lemao
укол

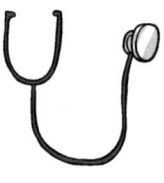

setetosekoupu
стетоскоп

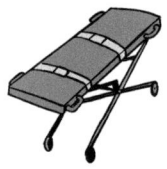

seteretšhara
носилки

themometara ya bongaka
термометр

pelegi
рождение

bokima jwa mmele
избыточный вес

sedirisiwa sa go thusa go utlwa

слуховой аппарат

sesireletsa dintho

дезинфекционное средство

tshwaetso

инфекция

mogare

вирус

HIV / AIDS

ВИЧ / СПИД

melemo

лекарство

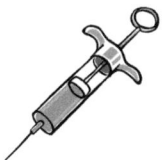

mokento

прививка

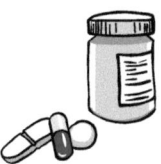

thabolete

таблетки

pilisi

противозачаточная таблетка

mogala wa tshoganyetso

экстренный вызов

motšhini wa go ela tlhoko kgatelelo ya madi

прибор для измерения кровяного давления

lwala / itekanetse

больной / здоровый

Thusa!

Помогите!

alamo

сигнал тревоги

tshotlako

нападение

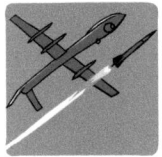

tlhasela

атака

kotsi

опасность

kgoro ya tshoganyetso

запасной выход

Molelo!

Пожар!

setima moleleo

огнетушитель

kotsi

несчастный случай

khiti ya go thusa ka
dikgobalo

аптечка

SOS

SOS

lepodisi

милиция

Yuropa

Европа

Bokone jwa Amerika

Северная Америка

Borwa jwa Amerika

Южная Америка

Aforika

Африка

Asia

Азия

Australia

Австралия

Atlantic

Атлантический океан

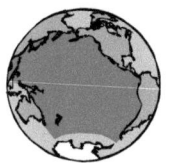

Pacific

Тихий океан

Lewatle la India

Индийский океан

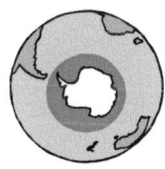

Lewatle la Antarctic

Антарктический океан

Lewatle la Arctic

Северный Ледовитый
океан

Bokone

Северный полюс

Borwa

Южный полюс

Antartica

Антарктика

Lefatshe

земля

lefatshe

суша

lewatle

море

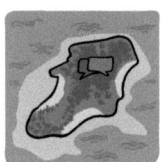

losi lwa lewatle

остров

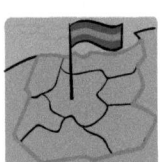

lotso

нация

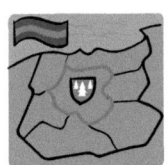

boemo

государство

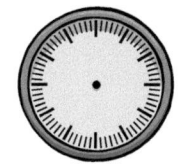

lentle la tshupanako

циферблат

letsogo la ura

часовая стрелка

letsogo la metsotso

минутная стрелка

letsogo la metsotswana

секундная стрелка

ke nako mang?

Который час?

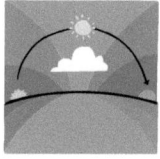

letsatsi

день

nako

время

go ne jaanong

сейчас

tshupanako ya dijithale

электронные часы

metsotso

минута

ura

час

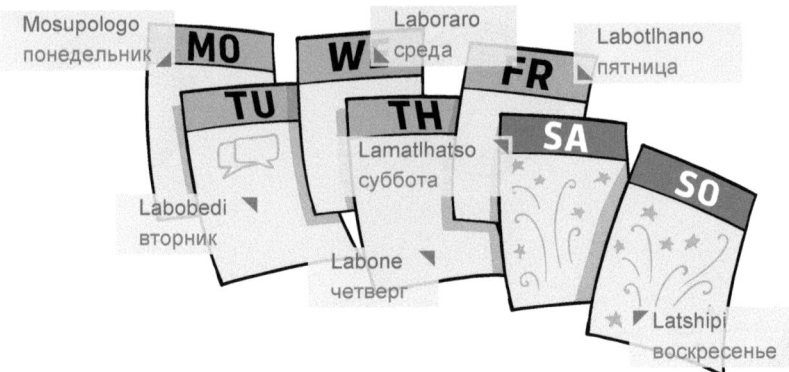

Mosupologo — понедельник — MO

Laboraro — среда — W

Labotlhano — пятница — FR

TU

TH

SA

Labobedi — вторник

Lamatlhatso — суббота

Labone — четверг

SO

Latshipi — воскресенье

maabane

вчера

gompieno

сегодня

kamoso

завтра

moso

утро

thapama

полдень

maitseboa

вечер

malatsi a tiro

рабочие дни

mafelo a beke

выходные

ngwaga

год

pula
дождь
motshe wa badimo
радуга
letlhwa
снег
phefo
ветер
dikgakologo
весна
letlhafula
осень
selemo
лето
mariga
зима

4.APRIL 11°
5.APRIL 4°
6.APRIL 13°
7.APRIL 8°
8.APRIL 10°

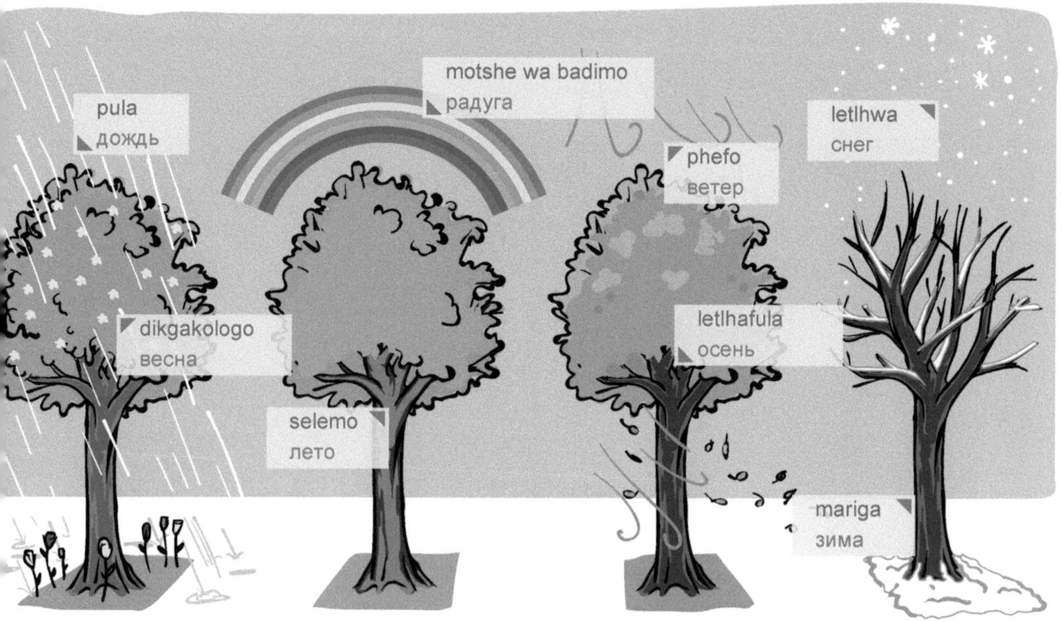

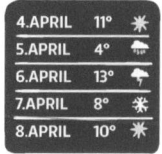

botsogo jwa loapi

прогноз погоды

F
C
120
90
60
30
0
-30
40
30
20
10
0
-10
-20

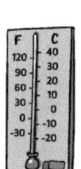

themomithara

термометр

letsatsi

солнечный свет

leru

туча

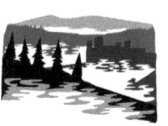

mouwane

туман

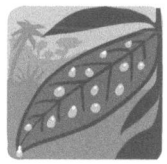

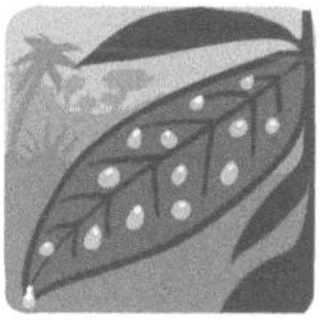

humidity

влажность воздуха

legadima

молния

modumo wa maru

гром

matsubutsubu

буря

sefako

град

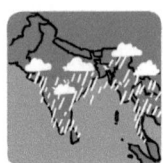

monsoon

муссон

morwalela

наводнение

aese

лёд

Ferikgong

январь

Tlhakole

февраль

Mopitlwe

март

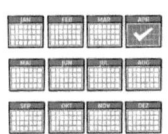

Moranang

апрель

Motsheganong

май

Seetebosigo

июнь

Phukwi

июль

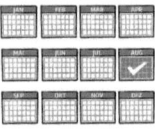

Phatwe

август

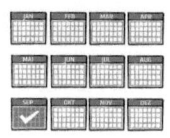

Lwetse

сентябрь

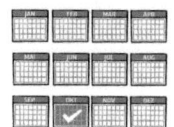

Diphalane

октябрь

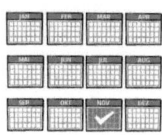

Ngwanaatsele

ноябрь

Sedimonthole

декабрь

dipopego
формы

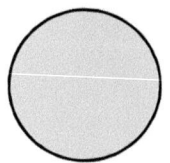

kgolokwe

круг

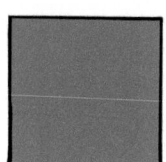

khutlonne

квадрат

khutlonnetsepa

прямоугольник

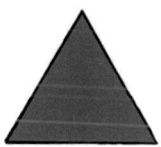

khutlotharo

треугольник

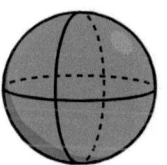

khutlo

шар

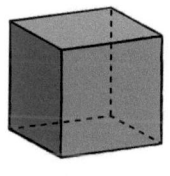

khiubu

куб

tshweu

белый

serolwana

желтый

mmala wa namune

оранжевый

pinki

розовый

khibidu

красный

bohibidu jo bo mokgona

лиловый

pududu

синий

tala

зелёный

tshetlha

коричневый

tshetlha

серый

ntsho

черный

go le gontsi / go nnye

много / мало

go kwata / go ritibala

яростный / мирный

montle / maswe

красивый / уродливый

tshimologo / bofelo

начало / конец

tonna / nnyane

большой / маленький

lesedi / lefifi

светлый / темный

abuti / ausi

брат / сестра

phepa / leswe

чистый / грязный

feletse / go sa felela

полный / неполный

motshegare / bosigo

день / ночь

o sule / o a tshela

мёртвый / живой

bophara / tshesane

широкий / узкий

ya jega / ga e jege

съедобный / несъедобный

bosula / molemo

злой / дружелюбный

go itumela thata / go se itumele

взволнованный / скучающий

nonne / tshesane

толстый / худой

ntlha / bofelo

сначала / в конце

tsala / sera

друг / враг

tletse / lolea

полный / пустой

thata / bonolo

твёрдый / мягкий

bokete / motlhofo

тяжёлый / легкий

tlala / lenyora

голод / жажда

lwala / itekanetse

больной / здоровый

dumelesega / dumeletswe

незаконный / законный

botlhale / sematla

умный / глупый

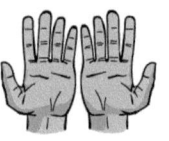

molema / moja

слева / справа

gaufi / kgakala

близко / далеко

sesha / ya kgale

новый / подержанный

sepe / sengwe

ничто / нечто

mogolo / mosha

старый / молодой

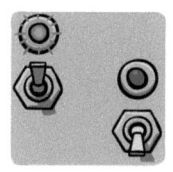

tsenya / tima

включено / выключено

bula / tswetswe

открыто / закрыто

tidimalo / modumo

тихо / громко

khumo / lehuma

богатый / бедный

siame / phoso

правильный /
неправильный

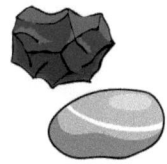

ditlhotlhori / borethe

шероховатый / гладкий

hutsafetse / itumetse

ечальный / счастливый

khutshwane / telele

короткий / длинный

bonya / bonako

медленный / быстрый

metsi / omile

мокрый / сухой

mololo / tsididi

тёплый / прохладный

ntwa / kagiso

война / мир

0

lefela

ноль

1

nngwe

один

2

pedi

два

3

tharo

три

4

nne

четыре

5

tlhano

пять

6

thataro

шесть

7

supa

семь

8

robedi

восемь

9

robonngwe

девять

10

lesome

десять

11

some nngwe

одиннадцать

12

some pedi

двенадцать

13

some tharo

тринадцать

14

some nne

четырнадцать

15

some tlhano

пятнадцать

16

some thataro

шестнадцать

17

some supa

семнадцать

18

some robedi

восемнадцать

19

some robonngwe

девятнадцать

20

masomamabedi

двадцать

100

lekgolo

сто

1.000

sekete

тысяча

1.000.000

milione

миллион

dipalo - цифры

языки

Sejatlhapi

английский

Sejatlhapi sa Amerika

американский английский

se-China

мандаринский китайский

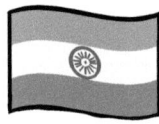

se-Hindi

хинди

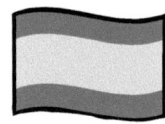

se-Spanish

испанский

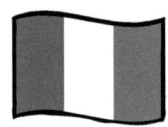

se-For a

французский

se-Araba

арабский

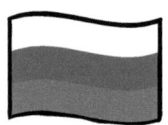

se-Russia

русский

se-Potokisi

португальский

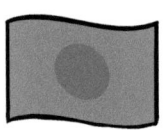

se-Bengali

бенгальский

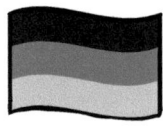

se-Jeremane

немецкий

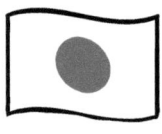

se-Japane

японский

Nna

я

wena

ты

ene / ene / sone

он / она / оно

re

мы

wena

вы

bone

они

mang?

кто?

eng?

что?

jang?

как?

kae?

где?

leng?

когда?

leina

имя

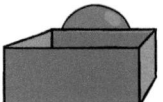

mo morago

за

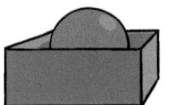

mo

в

fa pele ga

перед

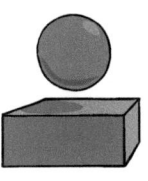

godimo

над

mo

на

fa tlase

под

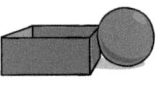

mo thoko

рядом

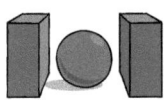

magareng

между

lefelo

место